我们的传统节日

中秋节

U0299428

稚子文化　编著

化学工业出版社

·北京·

图书在版编目(CIP)数据

中秋节 / 稚子文化编著 . — 北京：化学工业出版社，
2020.7（2024.7重印）

（我们的传统节日）

ISBN 978-7-122-36931-4

Ⅰ.①中⋯ Ⅱ.①稚⋯ Ⅲ.①节日-风俗习惯-中国-
儿童读物 Ⅳ.① K892.1-49

中国版本图书馆 CIP 数据核字（2020）第 081479 号

责任编辑：刘亚琦　　　　　　　　　　　　　装帧设计：稚子文化

责任校对：王　静　　　　　　　　　　　　　美术编辑：史利平

出版发行：化学工业出版社(北京市东城区青年湖南街13号　邮政编码100011)

印　　装：涿州市般润文化传播有限公司

787mm×1092mm　1/16　印张2　2024年7月北京第1版第6次印刷

购书咨询：010-64518888　　　　　　　　　　售后服务：010-64518899

网　　址：http://www.cip.com.cn

凡购买本书，如有缺损质量问题，本社销售中心负责调换。

定　　价：19.80元

　　"奶奶，你看！今晚的月亮好像一块大月饼啊！"宁宁兴奋地喊道。今天是中秋节，宁宁很喜欢这个节日，可是也有很多事情她搞不明白。奶奶说月亮上住着嫦娥仙子，她很久以前也是住在地上的。宁宁不明白她是怎么跑到那么高的月亮上去的。奶奶说，那可是一个很长很长的故事呢……

　　中秋节的晚上，在爷爷家的院子里，各式各样的月饼摆了一桌子，有圆的、方的，味道也多种多样，芝麻的、五仁的、白糖的、蛋黄的、莲蓉的。北北和宁宁还是第一次见到这么多不同的月饼呢！当然也少不了大螃蟹和爷爷爱喝的桂花酒。

不过，吃饭之前还有一件重要的事情呢，那就是祭月了。奶奶在院子里摆好桌子，再把月饼、苹果、石榴、葡萄、梨等一样样摆好，还把西瓜切成了莲花状。北北也好奇地去凑热闹，还学着奶奶的样子向月亮祈祷，完全没有了平时淘气捣蛋的模样。祭月之后，终于可以吃月饼了。

3

好吃的月饼也有宁宁的一份功劳，因为那是她和奶奶一起做的。她们在厨房里忙了很久，宁宁可是奶奶的小帮手哦！

4

1. 在面粉中加入水、盐、糖、苏打粉和花生油，和成面团，用保鲜袋装起来静置 20 分钟，然后等量切分。

2. 取一份饼皮压扁，放上馅料，向上轻推面皮，收口揉圆，饼坯就做成了。

3. 将包好馅料的面团放进月饼模子里，压成月饼生坯。

4. 在月饼生坯上喷一层水，然后放入烤箱烤 5 分钟，取出刷上蛋液，再放进烤箱。

5. 25 分钟后，月饼就烤好了，拿出来凉透就可以吃了。

25min

"爷爷，为什么要过中秋节啊？"吃着月饼，两个小家伙又开始好奇了。"那就要讲讲嫦娥仙子的故事了……"

嫦娥奔月

传说在很久以前，天上有十个太阳，烤裂了大地，烤焦了庄稼，百姓们都没有办法生活下去了。这时，一个名叫后羿的英雄挺身而出，他力大无穷，用神弓射下了九个太阳，为百姓们解除了苦难。

西王母知道这件事后，就送给后羿一包能升天成仙的仙药。后羿就把仙药交给自己的妻子嫦娥保管。嫦娥是一个美丽、善良的女人，对百姓们总是很好。

八月十五这天，后羿出门打猎，只有嫦娥一个人在家。一个叫逢蒙的人趁机闯入后羿家，逼迫嫦娥交出仙药。嫦娥不愿意把仙药交给逢蒙，就趁他不注意，一口把仙药吞了下去。接着，嫦娥的身体开始不由自主地飞了起来，就这样一直飞到了高高的月亮上。

　　后羿回到家中，发现妻子不见了，就到处寻找，可怎么也找不到。这时，皓月当空，后羿就对着月亮祈祷，没想到月亮上真的出现了嫦娥的身影。于是后羿在院子里摆上嫦娥平时爱吃的水果、点心，为她祝福，希望自己和她还能团圆。

　　百姓们得知嫦娥升天成仙的事后，也都在月下摆设香案，向她祈求幸福平安。后来，每年的农历八月十五，就成了人们期盼团圆的中秋佳节。

望月怀远

〔唐〕张九龄

海上生明月，天涯共此时。

情人怨遥夜，竟夕起相思。

灭烛怜光满，披衣觉露滋。

不堪盈手赠，还寝梦佳期。

"那为什么要吃月饼呀？"北北不仅爱吃月饼，还想知道月饼的来历呢。"我知道，我来说！"宁宁抢着要告诉哥哥。原来做月饼时，奶奶已经告诉她了。

12

　　传说唐朝时，大将军李靖打败了突厥，在八月十五中秋节这天得胜回朝。唐太宗非常高兴，就设宴庆功，当时有个胡商向唐太宗献上了一块胡饼。

　　天上的月亮圆圆的，胡饼也圆圆的，唐太宗高兴地让人把胡饼分开和大臣们一起吃了。从那以后，人们就把胡饼称为月饼，还慢慢地形成了中秋节吃月饼的习俗。

"爷爷，月亮为什么有时圆有时弯呢？"两个小家伙总有问不完的问题，爷爷总是愿意耐心地给他们讲讲。

14

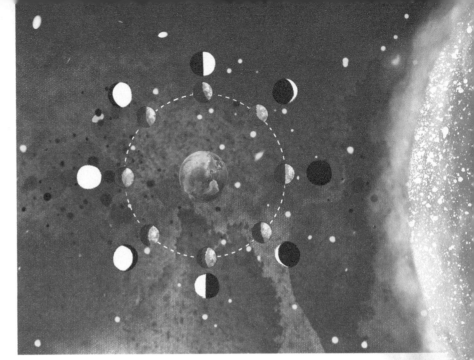

"这和太阳、地球、月球运转的位置有关。因为月球本身不发光，我们在地球上看到的月亮是它被太阳照明的部分。月球环绕地球旋转时，月亮相对于地球和太阳的位置不断地发生变化，于是就有了月亮的时圆时缺。古时候的人不知道这些，所以就有了很多有趣的故事和传说。"

听爷爷说月亮有很多有趣的故事，两个小家伙当然要听听了。

传说月亮上住着一只洁白的小兔子，人们都叫它玉兔。玉兔手里拿着一根玉杵，整天在地上捣药，而它最后做成的正是不死药，人吃了就能长生成仙。

　　传说有个叫吴刚的人，一心想做神仙，但自己又不专心学习。天帝知道后，就罚吴刚到月亮上砍伐高大的桂树，什么时候砍倒桂树，什么时候就能做神仙。可是，吴刚没有耐心，又爱偷懒，砍上一斧子就要歇上好一会儿。就在这段时间里，桂树被砍的地方又悄悄愈合了。所以一天天过去了，吴刚始终也没有砍倒桂树。

吃过了月饼，听过了故事，全家人继续在院子里赏月。这时，爸爸拿出了两个身穿戏服的兔子玩偶，送给北北和宁宁。两个小家伙一下子就被这精致又可爱的玩具吸引了。爸爸说这叫兔儿爷，在北京过中秋节时，孩子们都得买兔儿爷。兔儿爷千变万化，有的骑着老虎，有的骑着大象，有的挑着担子，有的推着小车……

爸爸还说，惹人喜爱的兔儿
爷还有一段传奇的故事呢！

20

有一年，北京城里闹起了瘟疫，死了很多百姓。月亮上的嫦娥见到这种情况，心中不忍，就派玉兔去人间为百姓们治病。玉兔变成一个少女，挨家挨户地为人们治病，每到一家就换一身装扮。它还找来马、鹿、狮子和老虎等动物帮忙。等到瘟疫消除，它就回到月宫去了。人们为了感谢玉兔，就用泥塑成它的形象，家家供奉，亲切地称它"兔儿爷"。

　　"走喽，去玩花灯了！"这时，很多孩子都提着花灯到街上去了，北北和宁宁也迫不及待地去凑热闹了，爸爸只得担心地紧紧跟着他们。两个小家伙提着自己亲手做的花灯，在热闹的街上跑来跑去，一会儿去猜谜语，一会儿又对漫天的天灯手舞足蹈。

　　回家的路上，爸爸教两个小家伙背了一首著名的词，不过他们只记住了最后一句：但愿人长久，千里共婵娟。爸爸说那是一个美好的愿望，希望所有人都能平安健康，即便相隔千里，也能共享这美好的月光。

"小家伙们，去摘水果喽！"中秋节的第二天天朗气清，爷爷带着北北和宁宁去果园里摘水果。爷爷说中秋前后，好多水果都成熟了，又到了收获的季节。只见红红的苹果、黄黄的梨子和咧开嘴巴的石榴在枝头随风晃动，还有架子上成串的紫葡萄、瓜地里圆圆的大西瓜……

24

两个小家伙和爷爷一起摘起了石榴、苹果、大西瓜……

摘了满满一大筐。

　　"哇，好香啊！"回家的路上，一阵风吹过，飘来了一股香甜的味道，原来是桂花开了，满树金黄。北北和宁宁冲到桂花树下，使劲地吸着鼻子，仿佛要把所有的香味都吸进鼻孔里。"八月桂花遍地开，是桂花飘香的时候了。"爷爷说桂花既能酿酒、泡茶，还能做成各种好吃的。听爷爷这样说，两个小馋猫迫不及待要采些桂花回家呢。

"爷爷，河里的水怎么越来越少了？""这个啊，现在已经到了秋分时节，雨下得越来越少了，干燥的天气让水汽蒸发得很快，所以河里的水就越来越少了。"爷爷还叮嘱两个小家伙以后早晚出门都要多穿衣服，虽然这时候秋高气爽、晴空万里，但早晚还是有凉风习习的感觉。北北和宁宁可不想感冒，他们会牢牢记住爷爷的话。

"快看，今天的月亮更圆了！"到了晚上，北北和宁宁又有了新发现。"十五的月亮十六圆，这没什么。"奶奶笑呵呵地说，说完还教两个小家伙唱《月儿圆圆》：月儿圆圆挂天边，饼儿圆圆甜又甜，脸儿圆圆笑翻了天，桌儿圆圆庆团圆。或许，两个小家伙明年还会和爷爷奶奶一起过中秋节呢！